MW00879537

NATIONAL PARKS

THIS OUTDOOR ADVENTURE JOURNAL
& PASSPORT STAMPS LOG BELONGS TO:

....

....

NATIONAL PARKS BY STATE

ALASKA
- O DENALI
- O GATES OF THE ARCTIC
- O GLACIER BAY
- O KATMAI
- O KENAI FJORDS
- O KOBUK VALLEY
- O LAKE CLARK
- O WRANGELL ST. ELIAS

AMERICAN SAMOA
- O AMERICAN SAMOA

ARIZONA
- O GRAND CANYON
- O PETRIFIED FOREST
- O SAGUARO

ARKANSAS
- O HOT SPRINGS

CALIFORNIA
- O CHANNEL ISLANDS
- O DEATH VALLEY
- O JOSHUA TREE
- O KINGS CANYON
- O LASSEN VOLCANIC
- O PINNACLES
- O REDWOOD
- O SEQUOIA
- O YOSEMITE

COLORADO
- O BLACK CANYON OF THE GUNNISON
- O GREAT SAND DUNES
- O MESA VERDE
- O ROCKY MOUNTAIN

FLORIDA
- O BISCAYNE
- O DRY TORTUGAS
- O EVERGLADES

HAWAI'I
- O HALEAKALA
- O HAWAI'I VOLCANOES

KENTUCKY
- O MAMMOTH CAVE

INDIANA
- O INDIANA DUNES

MAINE
- O ACADIA

MICHIGAN
- O ISLE ROYALE

MINNESOTA
- O VOYAGEURS

MISSOURI
- O GATEWAY ARCH

MONTANA
- O GLACIER

NEVADA
- O GREAT BASIN

NEW MEXICO
- O CARLSBAD CAVERNS

NORTH DAKOTA
- O THEODORE ROOSEVELT

OHIO
- O CUYAHOGA VALLEY

OREGON
- O CRATER LAKE

SOUTH CAROLINA
- O CONGAREE

SOUTH DAKOTA
- O BADLANDS
- O WIND CAVE

TENNESSEE
- O GREAT SMOKY MOUNTAIN

TEXAS
- O BIG BEND
- O GUADALUPE MOUNTAINS

UTAH
- O ARCHES
- O BRYCE CANYON
- O CANYONLANDS
- O CAPITOL REEF
- O ZION

VIRGIN ISLANDS
- O VIRGIN ISLANDS

VIRGINIA
- O SHENANDOAH

WASHINGTON
- O MOUNT RAINIER
- O NORTH CASCADES
- O OLYMPIC

WYOMING
- O GRAND TETON
- O YELLOWSTONE

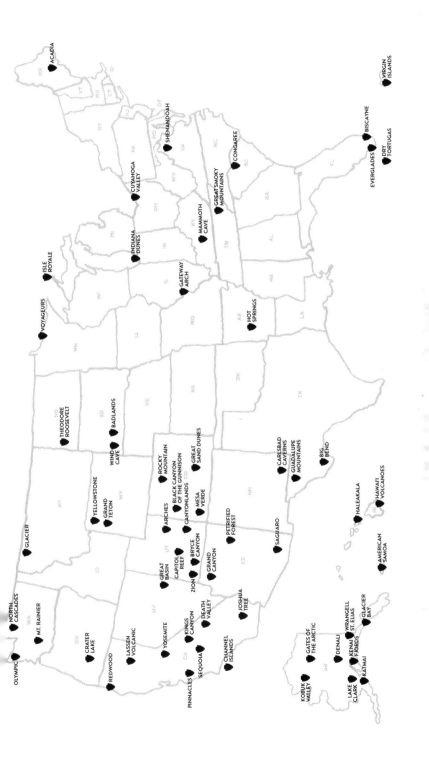

ACADIA NATIONAL PARK

EST. 1919 — 48,996 ACRES — 44° 20' 20" N, 68° 16' 24" W

ATE(S) I VISITED:

SPRING   O SUMMER   O FALL   O WINTER

WHO I WENT WITH:

Y FAVORITE MOMENT:

LODGING:

WEATHER:

FEE(S):   O FREE

IGHTS:

ILDLIFE:

OPULAR ATTRACTIONS I VISITED:

CADILLAC MOUNTAIN   O BEEHIVE TRAIL

BAR ISLAND TRAIL   O SAND BEACH

BUBBLE ROCK   O JORDAN POND

OTTER POINT   O GORHAM MOUNTAIN TRAIL

THUNDER HOLE   O BASS HARBOR HEAD LIGHTHOUSE

OVERALL
EXPERIENCE

10

NATIONAL PARK OF AMERICAN SAMOA

EST. 1988 — 8,257 ACRES — 14° 15' 0'' S, 170° 40' 48'' W

ATE(S) I VISITED:

SPRING   O SUMMER   O FALL   O WINTER

Y FAVORITE MOMENT:

WHO I WENT WITH:

LODGING:

WEATHER: ☀ ⛅ 🌧 ❄

FEE(S):   O FREE

IGHTS:

/ILDLIFE:

OPULAR ATTRACTIONS I VISITED:

OFU ISLAND CORAL LAGOON   O OGE BEACH

LATA MOUNTAIN   O POLA ISLAND

LAUFUTI FALLS   O TAFEU COVE

MOUNT 'ALAVA SUMMIT   O SAMOAN FAMILY HOMESTAY

LUATELE CRATER   O VAI'AVA STRAIT

OVERALL
EXPERIENCE

10

ARCHES NATIONAL PARK

EST. 1971 — 76,679 ACRES — 38° 43' 59'' N, 109° 35' 33'' W

ATE(S) I VISITED:

SPRING   O SUMMER   O FALL   O WINTER

WHO I WENT WITH:

Y FAVORITE MOMENT:

LODGING:

WEATHER: ☀ ⛅ 🌧 ❄

FEE(S):   O FREE

IGHTS:

/ILDLIFE:

OPULAR ATTRACTIONS I VISITED:

BALANCED ROCK   O COURTHOUSE WASH ROCK ART
THE WINDOWS   O THE FIERY FURNACE
TURRET ARCH   O COURTHOUSE TOWERS VIEWPOINT
DEVILS GARDEN   O DELICATE ARCH
DOUBLE ARCH   O PARK AVENUE

OVERALL EXPERIENCE

10

BADLANDS NATIONAL PARK

SD

EST. 1978 — 242,756 ACRES — 43° 37' 31" N, 102° 52' 33" W

ATE(S) I VISITED:

O SPRING   O SUMMER   O FALL   O WINTER

WHO I WENT WITH:

IY FAVORITE MOMENT:

LODGING:

WEATHER: ☀ ⛅ 🌧 ❄

FEE(S):   O FREE

IGHTS:

VILDLIFE:

OPULAR ATTRACTIONS I VISITED:

NORBECK PASS   O CONATA BASIN OVERLOOK
PINNACLES OVERLOOK   O ROBERTS PRAIRIE DOG TOWN
NOTCH TRAIL   O CLIFF SHELF NATURE TRAIL
PANORAMA POINT   O WHITE RIVER VALLEY
YELLOW MOUNDS OVERLOOK   O THE DOOR

OVERALL
EXPERIENCE

10

BIG BEND NATIONAL PARK

EST. 1944 — 801,163 ACRES — 29° 15' 0" N, 103° 15' 0" W

DATE(S) I VISITED:

O SPRING   O SUMMER   O FALL   O WINTER

MY FAVORITE MOMENT:

WHO I WENT WITH:

LODGING:

WEATHER: ☀ ⛅ 🌧 ❄

FEE(S):   O FREE

SIGHTS:

WILDLIFE:

POPULAR ATTRACTIONS I VISITED:

RIO GRANDE NATURE TRAIL   O CHISOS BASIN LOOP
BALANCED ROCK   O FOSSIL DISCOVERY EXHIBIT
SOTOL VISTA OVERLOOK   O RIO GRANDE RIVER HOT SPRINGS
BOQUILLAS CANYON   O ROSS MAXWELL SCENIC DRIVE
SANTA ELENA CANYON   O THE WINDOW

OVERALL EXPERIENCE

10

BISCAYNE NATIONAL PARK

EST. 1980 — 172,971 ACRES — 25° 39' 0" N, 80° 4' 48" W

ATE(S) I VISITED:

SPRING   O SUMMER   O FALL   O WINTER

WHO I WENT WITH:

Y FAVORITE MOMENT:

LODGING:

WEATHER: ☀ ⛅ 🌧 ❄

FEE(S):   O FREE

IGHTS:

ILDLIFE:

OPULAR ATTRACTIONS I VISITED:

BOCA CHITA ISLAND   O ELLIOTT KEY
JONES LAGOON   O MARITIME HERITAGE TRAIL
HURRICANE CREEK   O SS ARRATOON APCAR SHIPWRECK
STILTSVILLE   O SANDS KEY
CAPE FLORIDA LIGHTHOUSE   O SPITE TRAIL

OVERALL
EXPERIENCE

10

BLACK CANYON OF THE GUNNISON
NATIONAL PARK
EST. 1999 — 30,750 ACRES — 38° 34' 12" N, 107° 43' 12" W

ATE(S) I VISITED:

O SPRING   O SUMMER   O FALL   O WINTER

WHO I WENT WITH:

Y FAVORITE MOMENT:

LODGING:

WEATHER: ☀ ⛅ 🌧 ❄

FEE(S):   O FREE

IGHTS:

ILDLIFE:

OPULAR ATTRACTIONS I VISITED:

O CHASM VIEW
O GUNNISON RIVER
O BLUE MESA RESERVOIR
O PIONEER POINT
O RIM ROCK NATURE TRAIL

O CURECANTI CREEK TRAIL
O PAINTED WALL VIEW
O DEVILS LOOKOUT
O EXCLAMATION POINT
O RED ROCK CANYON

OVERALL
EXPERIENCE

10

BRYCE CANYON NATIONAL PARK

EST. 1924 — 35,835 ACRES — 37° 34' 12" N, 112° 10' 48" W

DATE(S) I VISITED:

SPRING   O SUMMER   O FALL   O WINTER

MY FAVORITE MOMENT:

WHO I WENT WITH:

LODGING:

WEATHER: ☀ ⛅ ☁ ❄

FEE(S):   O FREE

SIGHTS:

WILDLIFE:

POPULAR ATTRACTIONS I VISITED:

INSPIRATION POINT   O THOR'S HAMMER
QUEENS GARDEN TRAIL   O NATURAL BRIDGE
BRYCE POINT   O SUNRISE POINT
MOSSY CAVE TRAIL   O FAIRYLAND POINT
SUNSET POINT   O NAVAJO LOOP TRAIL

OVERALL EXPERIENCE

10

UT

CANYONLANDS NATIONAL PARK

EST. 1964 — 337,598 ACRES — 38° 12' 0" N, 109° 55' 48" W

DATE(S) I VISITED:

O SPRING   O SUMMER   O FALL   O WINTER

WHO I WENT WITH:

MY FAVORITE MOMENT:

LODGING:

WEATHER:

FEE(S):   O FREE

SIGHTS:

WILDLIFE:

POPULAR ATTRACTIONS I VISITED:

O MESA ARCH
O GRAND VIEW POINT
O GREEN RIVER OVERLOOK
O UPHEAVAL DOME
O BUCK CANYON OVERLOOK

O ELEPHANT HILL
O SHAFER CANYON OVERLOOK
O CAVE SPRING
O ROADSIDE RUIN
O WOODEN SHOE ARCH

OVERALL
EXPERIENCE

10

CAPITOL REEF NATIONAL PARK

EST. 1971 — 241,904 ACRES — 38° 12' 0" N, 111° 10' 12" W

ATE(S) I VISITED:

SPRING   O SUMMER   O FALL   O WINTER

WHO I WENT WITH:

Y FAVORITE MOMENT:

LODGING:

WEATHER: ☀ ⛅ 🌧 ❄

FEE(S):   O FREE

IGHTS:

ILDLIFE:

OPULAR ATTRACTIONS I VISITED:

PANORAMA POINT   O THE SCENIC DRIVE
GOOSENECKS OVERLOOK   O CASSIDY ARCH
WATERPOCKET FOLD   O CAPITOL GORGE
HICKMAN BRIDGE   O THE GOLDEN THRONE
HISTORIC FRUITA   O PETROGLYPHS

OVERALL EXPERIENCE

10

CARLSBAD CAVERNS NATIONAL PARK

EST. 1930 — 46,766 ACRES — 32° 10' 12" N, 104° 26' 24" W

DATE(S) I VISITED:

O SPRING   O SUMMER   O FALL   O WINTER

MY FAVORITE MOMENT:

WHO I WENT WITH:

LODGING:

WEATHER: ☀ ⛅ 🌧 ❄

FEE(S):   O FREE

SIGHTS:

WILDLIFE:

POPULAR ATTRACTIONS I VISITED:

THE BIG ROOM   O NATURAL ENTRANCE TRAIL
KING'S PALACE   O HALL OF THE WHITE GIANT
LOWER CAVE   O SLAUGHTER CANYON CAVE
SPIDER CAVE   O WALNUT CANYON DESERT DRIVE
THE MONARCH   O RATTLESNAKE SPRINGS

OVERALL EXPERIENCE

10

CHANNEL ISLANDS NATIONAL PARK

EST. 1980 — 249,561 ACRES — 34° 0' 36" N, 119° 25' 12" W

ATE(S) I VISITED:

O SPRING   O SUMMER   O FALL   O WINTER

Y FAVORITE MOMENT:

WHO I WENT WITH:

LODGING:

WEATHER: ☀ ⛅ 🌧 ❄

FEE(S):   O FREE

IGHTS:

ILDLIFE:

OPULAR ATTRACTIONS I VISITED:

SANTA CRUZ ISLAND   O FRENCHY'S COVE
SCORPION BEACH   O POINT BENNETT
SAN MIGUEL ISLAND   O SANTA ROSA ISLAND
ANACAPA ISLAND   O COASTAL ROAD
INSPIRATION POINT   O SANTA BARBARA ISLAND

OVERALL
EXPERIENCE

10

CONGAREE NATIONAL PARK

EST. 2003 — 26,276 ACRES — 33° 46' 48" N, 80° 46' 48" W

ATE(S) I VISITED:

SPRING   O SUMMER   O FALL   O WINTER

WHO I WENT WITH:

Y FAVORITE MOMENT:

LODGING:

WEATHER:

FEE(S):   O FREE

IGHTS:

ILDLIFE:

OPULAR ATTRACTIONS I VISITED:

CEDAR CREEK CANOE TRAIL   O BANNISTER'S BRIDGE

WESTON LAKE   O DAWSON'S LAKE

BOARDWALK LOOP TRAIL   O KINGSNAKE TRAIL

CONGAREE RIVER   O SYNCHRONOUS FIREFLIES

FORK SWAMP TRAIL   O BLUFF TRAIL

OVERALL
EXPERIENCE

10

CRATER LAKE NATIONAL PARK

EST. 1902 — 183,224 ACRES — 42° 56' 24" N, 122° 6' 0" W

ATE(S) I VISITED:

SPRING   O SUMMER   O FALL   O WINTER

WHO I WENT WITH:

Y FAVORITE MOMENT:

LODGING:

WEATHER: ☀ ⛅ 🌧 ❄

FEE(S):   O FREE

IGHTS:

ILDLIFE:

OPULAR ATTRACTIONS I VISITED:

RIM DRIVE   O SINNOTT MEMORIAL OVERLOOK
PINNACLES OVERLOOK   O CASTLE CREST WILDFLOWER GARDEN
SUN NOTCH TRAIL   O PUMICE CASTLE
THE PHANTOM SHIP   O VIDAE FALLS
WIZARD ISLAND   O PLAIKNI FALLS

OVERALL
EXPERIENCE

10

CUYAHOGA VALLEY NATIONAL PARK

EST. 2000 — 32,571 ACRES — 41° 14' 24" N, 81° 33' 0" W

ATE(S) I VISITED:

SPRING   O SUMMER   O FALL   O WINTER

Y FAVORITE MOMENT:

WHO I WENT WITH:

LODGING:

WEATHER: ☀ ⛅ 🌧 ❄

FEE(S):   O FREE

IGHTS:

ILDLIFE:

OPULAR ATTRACTIONS I VISITED:

THE LEDGES   O CANAL EXPLORATION CENTER
BLUE HEN FALLS   O BRANDYWINE FALLS
BEAVER MARSH   O CUYAHOGA VALLEY SCENIC RAILROAD
EVERETT COVERED BRIDGE'   O PENINSULA DEPOT
BOSTON STORE   O OHIO & ERIE CANAL TOWPATH TRAIL

OVERALL
EXPERIENCE

10

DEATH VALLEY NATIONAL PARK

EST. 1994 — 3.4 MILLION ACRES — 36° 14' 24" N, 116° 49' 12" W

ATE(S) I VISITED:

SPRING   O SUMMER   O FALL   O WINTER

WHO I WENT WITH:

Y FAVORITE MOMENT:

LODGING:

WEATHER: ☀ ⛅ 🌧 ❄

FEE(S):   O FREE

IGHTS:

ILDLIFE:

OPULAR ATTRACTIONS I VISITED:

BADWATER BASIN
ARTISTS PALETTE
SALT CREEK
ZABRISKIE POINT
HARMONY BORAX WORKS

O MESQUITE FLAT SAND DUNES
O GOLDEN CANYON
O DARWIN FALLS
O DANTE'S VIEW
O DEVIL'S GOLF COURSE

OVERALL
EXPERIENCE

10

DENALI NATIONAL PARK

EST. 1917 — 6.1 MILLION ACRES — 63° 19' 48" N, 150° 30' 0" W

DATE(S) I VISITED:

O SPRING   O SUMMER   O FALL   O WINTER

MY FAVORITE MOMENT:

WHO I WENT WITH:

LODGING:

WEATHER: ☀ ⛅ ☁ ❄

FEE(S):   O FREE

SIGHTS:

WILDLIFE:

POPULAR ATTRACTIONS I VISITED:

HORSESHOE LAKE TRAIL   O DENALI SLED DOG KENNELS
WONDER LAKE   O SAVAGE RIVER LOOP TRAIL
TRIPLE LAKES TRAIL   O CABLE CAR RAPID
MOUNT HEALY OVERLOOK   O REFLECTION POND
MOUNT MCKINLEY   O MURIE SCIENCE & LEARNING CENTER

OVERALL EXPERIENCE

10

DRY TORTUGAS NATIONAL PARK

EST. 1992 — 64,701 ACRES — 24° 37' 48" N, 82° 52' 12" W

ATE(S) I VISITED:

SPRING   O SUMMER   O FALL   O WINTER

Y FAVORITE MOMENT:

WHO I WENT WITH:

LODGING:

WEATHER: ☀ ⛅ 🌧 ❄

FEE(S):   O FREE

IGHTS:

ILDLIFE:

OPULAR ATTRACTIONS I VISITED:

FORT JEFFERSON
WINDJAMMER SHIPWRECK
LOGGERHEAD KEY
PULASKI SHOALS
TEXAS ROCK

O LONG REEF KEY
O HISTORIC COALING PIER PILINGS
O MOAT WALL
O GARDEN KEY
O DRY TORTUGAS LIGHTHOUSE

OVERALL
EXPERIENCE

10

EVERGLADES NATIONAL PARK

EST. 1947 — 1.5 MILLION ACRES — 25° 19' 12" N, 80° 55' 48" W

ATE(S) I VISITED:

SPRING   O SUMMER   O FALL   O WINTER

WHO I WENT WITH:

Y FAVORITE MOMENT:

LODGING:

WEATHER: ☀ ⛅ 🌧 ❄

FEE(S):   O FREE

IGHTS:

ILDLIFE:

OPULAR ATTRACTIONS I VISITED:

CAPE SABLE   O LONG PINE KEY NATURE TRAIL

ANHINGA TRAIL   O PA-HAY-OKEE LOOKOUT TOWER

ECO POND   O PAUROTIS POND

MAHOGANY HAMMOCK   O SHARK VALLEY OBSERVATION TOWER

NINE MILE POND   O MICCOSUKEE CULTURAL CENTER

OVERALL EXPERIENCE

10

GATES OF THE ARCTIC NATIONAL PARK

EST. 1980 — 8.5 MILLION ACRES — 67° 46' 48" N, 153° 18' 0" W

ATE(S) I VISITED:

SPRING   O SUMMER   O FALL   O WINTER

Y FAVORITE MOMENT:

WHO I WENT WITH:

LODGING:

WEATHER:

FEE(S):   O FREE

IGHTS:

ILDLIFE:

OPULAR ATTRACTIONS I VISITED:

ANAKTUVUK PASS   O ALATNA RIVER
KOYUKUK RIVER   O FRIGID CRAGS
TAKAHULA LAKE   O MOUNT BOREAL
NOATAK RIVER   O KOBUK RIVER
ARRIGETCH PEAKS   O AGIAK LAKE

OVERALL
EXPERIENCE

10

GATEWAY ARCH NATIONAL PARK

EST. 2018 — 193 ACRES — 38° 37' 48" N, 90° 11' 24" W

DATE(S) I VISITED:

O SPRING   O SUMMER   O FALL   O WINTER

WHO I WENT WITH:

MY FAVORITE MOMENT:

LODGING:

WEATHER: ☀ ⛅ ☁ ❄

FEE(S):   O FREE

SIGHTS:

WILDLIFE:

OVERALL EXPERIENCE

POPULAR ATTRACTIONS I VISITED:

GATEWAY ARCH   O MUSEUM AT THE GATEWAY ARCH
THE OLD COURTHOUSE   O RIVERBOATS AT THE GATEWAY ARCH
TRAM RIDE TO THE TOP   O MISSISSIPPI RIVER
THE OLD CATHEDRAL   O ST. LOUIS RIVERFRONT TRAIL
KIENER PLAZA   O GRAND STAIRCASE

10

— 45 —

GLACIER NATIONAL PARK

MT

EST. 1910 — 1 MILLION ACRES — 48° 48' 0" N, 114° 0' 0" W

DATE(S) I VISITED:

O SPRING   O SUMMER   O FALL   O WINTER

WHO I WENT WITH:

MY FAVORITE MOMENT:

LODGING:

WEATHER: ☀ ⛅ 🌧 ❄

FEE(S):   O FREE

SIGHTS:

WILDLIFE:

POPULAR ATTRACTIONS I VISITED:

LAKE MCDONALD

GOING-TO-THE-SUN ROAD

FISHERCAP LAKE

TRAIL OF THE CEDARS

AVALANCHE GORGE

O ST. MARY FALLS

O HIGHLINE TRAIL

O GRINNELL LAKE

O HIDDEN LAKE OVERLOOK

O SALAMANDER GLACIER

OVERALL EXPERIENCE

10

GLACIER BAY NATIONAL PARK

EST. 1980 — 3.3 MILLION ACRES — 58° 30' 0" N, 137° 0' 0" W

ATE(S) I VISITED:

WHO I WENT WITH:

SPRING   O SUMMER   O FALL   O WINTER

Y FAVORITE MOMENT:

LODGING:

WEATHER: ☀ ⛅ ☁ ❄

FEE(S):   O FREE

IGHTS:

ILDLIFE:

OPULAR ATTRACTIONS I VISITED:

FOREST LOOP TRAIL   O BARTLETT COVE INTERTIDAL ZONE
HALIBUT POINT   O BARTLETT RIVER TRAIL
HUNA TRIBAL HOUSE   O JOHNS HOPKINS GLACIER
BARTLETT LAKE   O POINT GUSTAVUS
MARGERIE GLACIER   O TLINGIT TRAIL

OVERALL
EXPERIENCE

10

GRAND CANYON NATIONAL PARK

AZ

EST. 1919 — 1.2 MILLION ACRES — 36° 3' 36" N, 112° 8' 24" W

ATE(S) I VISITED:

WHO I WENT WITH:

SPRING   O SUMMER   O FALL   O WINTER

Y FAVORITE MOMENT:

LODGING:

WEATHER: ☀ ⛅ 🌧 ❄

FEE(S):   O FREE

IGHTS:

WILDLIFE:

OPULAR ATTRACTIONS I VISITED:

BRIGHT ANGEL POINT   O MATHER POINT
ANGELS WINDOW   O DESERT VIEW WATCHTOWER
CAPE ROYAL   O GRANDVIEW POINT
COCONINO OVERLOOK   O CEDAR RIDGE
POINT IMPERIAL   O TRAIL OF TIME

OVERALL
EXPERIENCE

10

GRAND TETON NATIONAL PARK

EST. 1929 — 310,044 ACRES — 43° 43' 48" N, 110° 48' 0" W

ATE(S) I VISITED:

SPRING   O SUMMER   O FALL   O WINTER

Y FAVORITE MOMENT:

IGHTS:

ILDLIFE:

WHO I WENT WITH:

LODGING:

WEATHER: ☀ ⛅ ☔ ❄

FEE(S):   O FREE

OPULAR ATTRACTIONS I VISITED:

MORMON ROW   O STRING LAKE
PHELPS LAKE   O SCHWABACHER'S LANDING
TAGGART LAKE   O OXBOW BEND
HIDDEN FALLS   O JENNY LAKE SCENIC DRIVE
INSPIRATION POINT   O SNAKE RIVER OVERLOOK

OVERALL
EXPERIENCE

10

GREAT BASIN NATIONAL PARK

EST. 1986 — 77,180 ACRES — 38° 58' 48" N, 114° 18' 0" W

ATE(S) I VISITED:

SPRING   O SUMMER   O FALL   O WINTER

Y FAVORITE MOMENT:

WHO I WENT WITH:

LODGING:

WEATHER: ☀ ⛅ 🌧 ❄

FEE(S):   O FREE

IGHTS:

ILDLIFE:

OPULAR ATTRACTIONS I VISITED:

LEHMAN CAVES   O WHEELER PEAK SCENIC DRIVE
ISLAND FOREST TRAIL   O MOUNTAIN VIEW NATURE TRAIL
BAKER LAKE   O BRISTLECONE PINE TRAIL
LEXINGTON ARCH   O BAKER ARCHEOLOGICAL SITE
PICTOGRAPH CAVE   O WHEELER PEAK SUMMIT

OVERALL
EXPERIENCE

10

GREAT SAND DUNES NATIONAL PARK

EST. 2004 — 107,302 ACRES — 37° 43' 48" N, 105° 30' 36" W

ATE(S) I VISITED:

SPRING   O SUMMER   O FALL   O WINTER

WHO I WENT WITH:

Y FAVORITE MOMENT:

LODGING:

WEATHER: ☀ ⛅ 🌧 ❄

FEE(S):   O FREE

IGHTS:

ILDLIFE:

OPULAR ATTRACTIONS I VISITED:

HIGH DUNE   O MEDANO PASS PRIMITIVE ROAD
STAR DUNE   O MONTVILLE NATURE TRAIL
MOUNT HERARD   O WELLINGTON DITCH TRAIL
MEDANO CREEK   O SAND RAMP TRAIL
SAND CREEK LAKES   O MOSCO PASS TRAIL

OVERALL
EXPERIENCE

10

GREAT SMOKY MOUNTAINS NATIONAL PARK

EST. 1934 — 522,427 ACRES — 35° 40' 48" N, 83° 31' 48" W

ATE(S) I VISITED:

SPRING   O SUMMER   O FALL   O WINTER

WHO I WENT WITH:

Y FAVORITE MOMENT:

LODGING:

WEATHER: ☀ ⛅ ☁ ❄

FEE(S):   O FREE

IGHTS:

ILDLIFE:

OPULAR ATTRACTIONS I VISITED:

CLINGMANS DOME   O CHIMNEY TOPS TRAIL
GROTTO FALLS   O APPALACHIAN TRAIL
MINGUS MILL   O ELKMONT HISTORIC DISTRICT
NEWFOUND GAP ROAD   O CADES COVE
ALUM CAVE   O MOUNTAIN FARM MUSEUM

OVERALL
EXPERIENCE

10

GUADALUPE MOUNTAINS NATIONAL PARK

EST. 1972 — 86,367 ACRES — 31° 55' 12" N, 104° 52' 12" W

ATE(S) I VISITED:

O SPRING   O SUMMER   O FALL   O WINTER

Y FAVORITE MOMENT:

WHO I WENT WITH:

LODGING:

WEATHER: ☀ ⛅ 🌧 ❄

FEE(S):   O FREE

IGHTS:

WILDLIFE:

OPULAR ATTRACTIONS I VISITED:

MCKITTRICK CANYON   O FRIJOLE RANCH
PRATT CABIN   O DEVIL'S HALL
THE GROTTO   O SMITH SPRING
PINERY NATURE TRAIL   O GUADALUPE PEAK
PERMIAN REEF TRAIL   O SALT BASIN DUNES

OVERALL
EXPERIENCE

10

HALEAKALA NATIONAL PARK

EST. 1916 — 33,265 ACRES — 20° 43' 12" N, 156° 10' 12" W

ATE(S) I VISITED:

SPRING   O SUMMER   O FALL   O WINTER

WHO I WENT WITH:

Y FAVORITE MOMENT:

LODGING:

WEATHER: ☀ ⛅ 🌧 ❄

FEE(S):   O FREE

IGHTS:

ILDLIFE:

OPULAR ATTRACTIONS I VISITED:

HALEAKALA SUMMIT   O HOSMER GROVE LOOP TRAIL
LELEIWI OVERLOOK   O HALEAKALA OBSERVATORY
OHE'O GULCH   O MAKAHIKU FALLS
WAIMOKU FALLS   O SLIDING SANDS TRAIL
PIPIWAI TRAIL   O KALAHAKU OVERLOOK

OVERALL
EXPERIENCE

10

HAWAI'I VOLCANOES NATIONAL PARK

EST. 1916 — 323,431 ACRES — 19° 22' 48" N, 155° 12' 0" W

ATE(S) I VISITED:

SPRING   O SUMMER   O FALL   O WINTER

WHO I WENT WITH:

Y FAVORITE MOMENT:

LODGING:

WEATHER: ☀ ⛅ 🌧 ❄

FEE(S):   O FREE

IGHTS:

ILDLIFE:

OPULAR ATTRACTIONS I VISITED:

THURSTON LAVA TUBE	O CHAIN OF THE CRATERS ROAD
KILAUEA IKI CRATER	O PU'U LOA PETROGLYPHS
STEAMING BLUFF	O JAGGAR MUSEUM
HOLEI SEA ARCH	O DEVASTATION TRAIL
HALEMA'UMA'U CRATER	O KEANAKAKO'I CRATER

OVERALL EXPERIENCE

10

HOT SPRINGS NATIONAL PARK

EST. 1921 — 5,549 ACRES — 34° 30' 36" N, 93° 3' 0" W

ATE(S) I VISITED:

WHO I WENT WITH:

SPRING   O SUMMER   O FALL   O WINTER

Y FAVORITE MOMENT:

LODGING:

WEATHER: ☀ ⛅ 🌧 ❄

FEE(S):   O FREE

IGHTS:

ILDLIFE:

OPULAR ATTRACTIONS I VISITED:

FORDYCE BATHHOUSE   O HOT SPRINGS MOUNTAIN TOWER
HOT WATER CASCADE   O BATHHOUSE ROW
GOAT ROCK OVERLOOK   O GULPHA GORGE TRAIL
SUNSET TRAIL   O THE GRAND PROMENADE
BUCKSTAFF BATHHOUSE   O PEAK TRAIL

OVERALL
EXPERIENCE

10

INDIANA DUNES NATIONAL PARK

EST. 2019 — 15,347 ACRES — 41° 39' 11" N, 87° 3' 8" W

IN

ATE(S) I VISITED:

SPRING   O SUMMER   O FALL   O WINTER

WHO I WENT WITH:

Y FAVORITE MOMENT:

LODGING:

WEATHER: ☀ ⛅ 🌧 ❄

FEE(S):   O FREE

IGHTS:

ILDLIFE:

OPULAR ATTRACTIONS I VISITED:

LAKE MICHIGAN   O DUNE SUCCESSION TRAIL
CENTRAL AVENUE BEACH   O PORTER BRICKYARD BIKE TRAIL
MOUNT TOM   O LITTLE CALUMET RIVER
WEST BEACH   O HISTORIC CHELLBERG FARM
DEVIL'S SLIDE   O PORTAGE LAKEFRONT FISHING PIER

OVERALL
EXPERIENCE

10

ISLE ROYALE NATIONAL PARK

EST. 1931 — 571,790 ACRES — 48° 6' 0" N, 88° 33' 0" W

ATE(S) I VISITED:

SPRING   O SUMMER   O FALL   O WINTER

WHO I WENT WITH:

Y FAVORITE MOMENT:

LODGING:

WEATHER: ☀ ⛅ 🌧 ❄

FEE(S):   O FREE

IGHTS:

ILDLIFE:

OPULAR ATTRACTIONS I VISITED:

SCOVILLE POINT	O ROCK HARBOR LIGHTHOUSE
ROCK HARBOR	O GREENSTONE RIDGE TRAIL
SISIKIWIT LAKE	O PASSAGE ISLAND LIGHTHOUSE
MINONG MINE	O LOOKOUT LOUISE
SUZY'S CAVE	O MENAGERIE ISLAND LIGHTHOUSE

OVERALL
EXPERIENCE

10

JOSHUA TREE NATIONAL PARK

EST. 1994 — 790,636 ACRES — 33° 47' 24" N, 115° 54' 0" W

ATE(S) I VISITED:

SPRING   O SUMMER   O FALL   O WINTER

WHO I WENT WITH:

Y FAVORITE MOMENT:

LODGING:

WEATHER: ☀ ⛅ ☁ ❄

FEE(S):   O FREE

IGHTS:

ILDLIFE:

OPULAR ATTRACTIONS I VISITED:

ARCH ROCK   O 49 PALMS OASIS
CHOLLA CACTUS GARDEN   O GEOLOGY ROAD
KEYS VIEW   O RYAN MOUNTAIN TRAIL
HIDDEN VALLEY TRAIL   O SKULL ROCK NATURE TRAIL
KEYS RANCH   O COTTONWOOD SPRING

OVERALL
EXPERIENCE

10

KATMAI NATIONAL PARK

EST. 1980 — 4.1 MILLION ACRES — 58° 30' 0" N, 155° 0' 0" W

DATE(S) I VISITED:

SPRING   O SUMMER   O FALL   O WINTER

MY FAVORITE MOMENT:

WHO I WENT WITH:

LODGING:

WEATHER:

FEE(S):   O FREE

SIGHTS:

WILDLIFE:

POPULAR ATTRACTIONS I VISITED:

BROOKS CAMP   O VALLEY OF TEN THOUSAND SMOKES
MOUNT KATMAI CALDERA   O BAKED MOUNTAIN
KNIFE CREEK GLACIERS   O SAVONOSKI LOOP
NAKNEK LAKE   O SWIKSHAK LAGOON
HALLO BAY   O GEOGRAPHIC HARBOR

OVERALL EXPERIENCE

10

KENAI FJORDS NATIONAL PARK

EST. 1980 — 669,984 ACRES — 59° 55' 12" N, 149° 39' 0" W

ATE(S) I VISITED:

WHO I WENT WITH:

SPRING   O SUMMER   O FALL   O WINTER

Y FAVORITE MOMENT:

LODGING:

WEATHER: ☀ ⛅ 🌧 ❄

FEE(S):   O FREE

IGHTS:

ILDLIFE:

OPULAR ATTRACTIONS I VISITED:

EXIT GLACIER   O FOX ISLAND
HARDING ICEFIELD TRAIL   O EDGE OF THE GLACIER TRAIL
SIX MILE CREEK   O BEAR GLACIER LAGOON
PEDERSON GLACIER   O AIALIK BAY
CLAM GULCH   O NORTHWESTERN FJORD

OVERALL
EXPERIENCE

10

KINGS CANYON NATIONAL PARK

EST. 1890 — 461,901 ACRES — 36° 48' 0" N, 118° 33' 0" W

CA

ATE(S) I VISITED:

SPRING   O SUMMER   O FALL   O WINTER

Y FAVORITE MOMENT:

WHO I WENT WITH:

LODGING:

WEATHER: ☀ ⛅ 🌧 ❄

FEE(S):   O FREE

IGHTS:

ILDLIFE:

OPULAR ATTRACTIONS I VISITED:

GENERAL GRANT TREE   O MIST FALLS
ROARING RIVER FALLS   O KINGS CANYON SCENIC BYWAY
GRIZZLY FALLS   O PARK RIDGE FIRE LOOKOUT
ZUMWALT MEADOW   O KNAPP'S CABIN
BOYDEN CAVERN   O MARK TWAIN TREE STUMP

OVERALL
EXPERIENCE

10

KOBUK VALLEY NATIONAL PARK

EST. 1980 — 1.8 MILLION ACRES — 67° 33' 0" N, 159° 16' 48" W

ATE(S) I VISITED:

WHO I WENT WITH:

SPRING   O SUMMER   O FALL   O WINTER

Y FAVORITE MOMENT:

LODGING:

WEATHER: ☀ ⛅ ☁ ❄

FEE(S):   O FREE

IGHTS:

ILDLIFE:

OPULAR ATTRACTIONS I VISITED:

KOBUK RIVER   O GREAT KOBUK SAND DUNES
HUNT RIVER DUNES   O LITTLE KOBUK SAND DUNES
AHNEWETUT CREEK   O NORTHWEST ARCTIC HERITAGE CENTER
SALMON RIVER   O GIDDINGS' CABIN
BAIRD MOUNTAIN   O ONION PORTAGE

OVERALL
EXPERIENCE

10

LAKE CLARK NATIONAL PARK

EST. 1980 — 4 MILLION ACRES — 60° 58' 12" N, 153° 25' 12" W

ATE(S) I VISITED:

WHO I WENT WITH:

SPRING   O SUMMER   O FALL   O WINTER

Y FAVORITE MOMENT:

LODGING:

WEATHER: ☼ ⛅ ☁ ❄

FEE(S):   O FREE

IGHTS:

ILDLIFE:

OPULAR ATTRACTIONS I VISITED:

CHINITNA BAY   O SILVER SALMON CREEK
CRESCENT LAKE   O KONTRASHIBUNA LAKE
TANALIAN FALLS   O BEAVER POND TRAIL
TUXEDNI BAY   O TANALIAN MOUNTAIN
PORT ALSWORTH   O PROENNEKE'S CABIN

OVERALL
EXPERIENCE

10

LASSEN VOLCANIC NATIONAL PARK

EST. 1916 — 106,589 ACRES — 40° 29' 24" N, 121° 30' 36" W

CA

ATE(S) I VISITED:

SPRING   O SUMMER   O FALL   O WINTER

Y FAVORITE MOMENT:

WHO I WENT WITH:

LODGING:

WEATHER: ☀ ⛅ ☁ ❄

FEE(S):   O FREE

IGHTS:

ILDLIFE:

OPULAR ATTRACTIONS I VISITED:

MANZANITA LAKE   O DEVASTATED AREA TRAIL
SULPHUR WORKS   O KINGS CREEK FALLS
LAKE HELEN   O HAT CREEK
BUMPASS HELL   O PARADISE MEADOWS
SUMMIT LAKE   O CINDER CONE

OVERALL
EXPERIENCE

10

MAMMOTH CAVE NATIONAL PARK

EST. 1941 — 52,830 ACRES — 37° 10' 48" N, 86° 6' 0" W

ATE(S) I VISITED:

SPRING   O SUMMER   O FALL   O WINTER

WHO I WENT WITH:

Y FAVORITE MOMENT:

LODGING:

WEATHER:

FEE(S):   O FREE

IGHTS:

WILDLIFE:

OPULAR ATTRACTIONS I VISITED:

FROZEN NIAGARA
THE ROTUNDA
GRAND AVENUE
MAMMOTH DOME
CHIEF CITY

O GOTHIC AVENUE
O GREEN RIVER BLUFFS
O CEDAR SINK TRAIL
O SLOAN'S CROSSING POND
O RIVER STYX SPRING

OVERALL EXPERIENCE

10

MESA VERDE NATIONAL PARK

EST. 1906 — 52,485 ACRES — 37° 10' 48" N, 108° 29' 24" W

ATE(S) I VISITED:

SPRING   O SUMMER   O FALL   O WINTER

Y FAVORITE MOMENT:

IGHTS:

ILDLIFE:

WHO I WENT WITH:

LODGING:

WEATHER: ☀ ⛅ ☁ ❄

FEE(S):   O FREE

OPULAR ATTRACTIONS I VISITED:

CLIFF PALACE   O CHAPIN MESA ARCHEOLOGICAL MUSEUM

SUN TEMPLE   O BALCONY HOUSE

LONG HOUSE   O SPRUCE TREE HOUSE

SQUARE TOWER HOUSE   O MESA TOP LOOP SCENIC DRIVE

FAR VIEW SITES   O STEP HOUSE

OVERALL
EXPERIENCE

10

MOUNT RAINIER NATIONAL PARK

EST. 1899 — 236,381 ACRES — 46° 51' 0" N, 121° 45' 0" W

ATE(S) I VISITED:

SPRING   O SUMMER   O FALL   O WINTER

WHO I WENT WITH:

Y FAVORITE MOMENT:

LODGING:

WEATHER: ☀ ⛅ 🌧 ❄

FEE(S):   O FREE

IGHTS:

ILDLIFE:

OPULAR ATTRACTIONS I VISITED:

HIGH SKYLINE TRAIL   O REFLECTION LAKES
MYRTLE FALLS   O GROVE OF THE PATRIARCHS
SNOW LAKE   O COMET FALLS
NARADA FALLS   O SOURDOUGH RIDGE NATURE TRAIL
LONGMIRE MUSEUM   O TIPSOO LAKE

OVERALL EXPERIENCE

10

NORTH CASCADES NATIONAL PARK

EST. 1968 — 504,781 ACRES — 48° 42' 0" N, 121° 12' 0" W

ATE(S) I VISITED:

SPRING   O SUMMER   O FALL   O WINTER

Y FAVORITE MOMENT:

WHO I WENT WITH:

LODGING:

WEATHER: ☀ ⛅ 🌧 ❄

FEE(S):   O FREE

IGHTS:

ILDLIFE:

OPULAR ATTRACTIONS I VISITED:

DIABLO LAKE   O THUNDER KNOB
LADDER CREEK FALLS   O WASHINGTON PASS OVERLOOK
STERLING MUNRO TRAIL   O LIBERTY BELL MOUNTAIN
RAINY LAKE   O STEHEKIN
CASCADE PASS   O LAKE CHELAN

OVERALL
EXPERIENCE

10

OLYMPIC NATIONAL PARK

EST. 1938 — 922,650 ACRES — 47° 58' 12" N, 123° 30' 0" W

ATE(S) I VISITED:

SPRING   O SUMMER   O FALL   O WINTER

WHO I WENT WITH:

Y FAVORITE MOMENT:

LODGING:

WEATHER:

FEE(S):   O FREE

IGHTS:

ILDLIFE:

OPULAR ATTRACTIONS I VISITED:

RIALTO BEACH   O MADISON FALLS

HOLE-IN-THE-ROCK   O MARYMERE FALLS

HURRICANE HILL TRAIL   O HALL OF MOSSES TRAIL

LAKE CRESCENT   O SOL DUC FALLS

RUBY BEACH   O KALALOCH BEACH 4

OVERALL
EXPERIENCE

10

PETRIFIED FOREST NATIONAL PARK

EST. 1962 — 221,416 ACRES — 35° 4' 12" N, 109° 46' 48" W

ATE(S) I VISITED:

SPRING   O SUMMER   O FALL   O WINTER

Y FAVORITE MOMENT:

WHO I WENT WITH:

LODGING:

WEATHER: ☀ ⛅ 🌧 ❄

FEE(S):   O FREE

IGHTS:

ILDLIFE:

OPULAR ATTRACTIONS I VISITED:

CRYSTAL FOREST   O NEWSPAPER ROCK
PAINTED DESERT RIM TRAIL   O MARTHA'S BUTTE PETROGLYPH
BLUE MESA   O AGATE HOUSE
RAINBOW FOREST MUSEUM   O JASPER FOREST
PUERCO PUEBLO   O DEVIL'S PLAYGROUND

OVERALL
EXPERIENCE

10

PINNACLES NATIONAL PARK

EST. 2013 — 26,686 ACRES — 36° 28' 48" N, 121° 9' 36" W

ATE(S) I VISITED:

SPRING   O SUMMER   O FALL   O WINTER

Y FAVORITE MOMENT:

WHO I WENT WITH:

LODGING:

WEATHER: ☀ ⛅ ☁ ❄

FEE(S):   O FREE

IGHTS:

ILDLIFE:

OPULAR ATTRACTIONS I VISITED:

BEAR GULCH CAVE   O SOUTH WILDERNESS TRAIL
MACHETE RIDGE   O CONDOR GULCH OVERLOOK
DISCOVERY WALL   O HIGH PEAKS TRAIL
MOSES SPRING TRAIL   O ELEPHANT ROCK
BEAR GULCH RESERVOIR   O BALCONIES CAVE

OVERALL
EXPERIENCE

10

REDWOOD NATIONAL PARK

EST. 1968 — 138,999 ACRES — 41° 18' 0" N, 124° 0' 0" W

ATE(S) I VISITED:

SPRING   O SUMMER   O FALL   O WINTER

WHO I WENT WITH:

Y FAVORITE MOMENT:

LODGING:

WEATHER: ☼ ⛅ ☁ ❄

FEE(S):   O FREE

IGHTS:

ILDLIFE:

OPULAR ATTRACTIONS I VISITED:

KLAMATH RIVER OVERLOOK   O LADY BIRD JOHNSON GROVE
TRILLIUM FALLS   O NEWTON B. DRURY SCENIC PARKWAY
GOLD BLUFFS BEACH   O TALL TREES TRAIL
BIG TREE   O STOUT GROVE
FERN CANYON   O ENDERTS BEACH

OVERALL
EXPERIENCE

10

ROCKY MOUNTAIN NATIONAL PARK

EST. 1915 — 265,795 ACRES — 40° 24' 0" N, 105° 34' 48" W

ATE(S) I VISITED:

WHO I WENT WITH:

SPRING   O SUMMER   O FALL   O WINTER

Y FAVORITE MOMENT:

LODGING:

WEATHER: ☀ ⛅ 🌧 ❄

FEE(S):   O FREE

IGHTS:

ILDLIFE:

OPULAR ATTRACTIONS I VISITED:

BEAR LAKE
FOREST CANYON OVERLOOK
TRAIL RIDGE ROAD
CHASM FALLS
BIERSTADT LAKE

O TUNDRA COMMUNITIES TRAIL
O ALBERTA FALLS
O HOLZWARTH HISTORIC SITE
O COYOTE VALLEY NATURE TRAIL
O EMERALD LAKE

OVERALL
EXPERIENCE

10

SAGUARO NATIONAL PARK

EST. 1994 — 91,442 ACRES —32° 15' 0" N, 110° 30' 0" W

AZ

ATE(S) I VISITED:

WHO I WENT WITH:

SPRING   O SUMMER   O FALL   O WINTER

Y FAVORITE MOMENT:

LODGING:

WEATHER: ☀ ⛅ ☁ ❄

FEE(S):   O FREE

IGHTS:

ILDLIFE:

OPULAR ATTRACTIONS I VISITED:

VALLEY VIEW OVERLOOK   O DESERT DISCOVERY NATURE TRAIL
SIGNAL HILL PETROGLYPHS   O CACTUS FOREST LOOP DRIVE
MICA VIEW LOOP   O GATES PASS
LITTLE WILDHORSE TANK   O BAJADA LOOP DRIVE
WASSON PEAK   O ARIZONA-SONORA DESERT MUSEUM

OVERALL
EXPERIENCE

10

SEQUOIA NATIONAL PARK

EST. 1890 — 404,063 ACRES — 36° 25' 48" N, 118° 40' 48" W

ATE(S) I VISITED:

WHO I WENT WITH:

SPRING   O SUMMER   O FALL   O WINTER

Y FAVORITE MOMENT:

LODGING:

WEATHER: ☀ ⛅ ☁ ❄

FEE(S):   O FREE

IGHTS:

ILDLIFE:

OPULAR ATTRACTIONS I VISITED:

GENERAL SHERMAN TREE   O TUNNEL LOG
MOUNT WHITNEY   O KINGS CANYON SCENIC BYWAY
GIANT FOREST MUSEUM   O CRESCENT MEADOW TRAIL
MORO ROCK   O MINERAL KING
CRYSTAL CAVE   O MUIR GROVE

OVERALL
EXPERIENCE

10

SHENANDOAH NATIONAL PARK

EST. 1935 — 199,117 ACRES — 38° 31' 48" N, 78° 21' 0" W

ATE(S) I VISITED:

SPRING   O SUMMER   O FALL   O WINTER

Y FAVORITE MOMENT:

IGHTS:

ILDLIFE:

WHO I WENT WITH:

LODGING:

WEATHER: ☼ ⛅ 🌧 ❄

FEE(S):   O FREE

OPULAR ATTRACTIONS I VISITED:

SKYLINE DRIVE   O LEWIS FALLS
UPPER HAWKSBILL TRAIL   O CRESCENT ROCK OVERLOOK
BEARFENCE MOUNTAIN TRAIL   O WHITEOAK CASCADES
DARK HOLLOW FALLS   O STONY MAN MOUNTAIN
RAPIDAN CAMP   O APPALACHIAN TRAIL

OVERALL
EXPERIENCE

10

THEODORE ROOSEVELT NATIONAL PARK

EST. 1978 — 70,447 ACRES — 46° 58' 12" N, 103° 27' 0" W

ATE(S) I VISITED:

SPRING   O SUMMER   O FALL   O WINTER

WHO I WENT WITH:

Y FAVORITE MOMENT:

LODGING:

WEATHER: ☀ ⛅ 🌧 ❄

FEE(S):   O FREE

IGHTS:

ILDLIFE:

OVERALL
EXPERIENCE

OPULAR ATTRACTIONS I VISITED:

RIVER BEND OVERLOOK   O NORTH UNIT SCENIC BYWAY DRIVE
ACHENBACH TRAIL   O SOUTH UNIT SCENIC LOOP DRIVE
ELKHORN RANCH   O MALTESE CROSS RANCH CABIN
OXBOW OVERLOOK   O RIDGELINE NATURE TRAIL
PRAIRIE DOG TOWN   O PAINTED CANYON VISITOR CENTER

10

VIRGIN ISLANDS NATIONAL PARK

EST. 1956 — 14,948 ACRES — 18° 19' 48" N, 64° 43' 48" W

ATE(S) I VISITED:

SPRING   O SUMMER   O FALL   O WINTER

WHO I WENT WITH:

Y FAVORITE MOMENT:

LODGING:

WEATHER: ☀ ⛅ 🌧 ❄

FEE(S):   O FREE

IGHTS:

ILDLIFE:

OPULAR ATTRACTIONS I VISITED:

HAWKSNEST BAY   O YAWZI POINT TRAIL
RAM HEAD TRAIL   O ANNABERG SUGAR PLANTATION
LIND POINT TRAIL   O CINNAMON BAY NATURE TRAIL
TRUNK BAY   O ARCHEOLOGICAL LAB
WHISTLING CAY   O FRANCIS BAY

OVERALL
EXPERIENCE

10

VOYAGEURS NATIONAL PARK

EST. 1975 — 218,200 ACRES — 48° 30' 0" N, 92° 52' 48" W

ATE(S) I VISITED:

WHO I WENT WITH:

SPRING   O SUMMER   O FALL   O WINTER

Y FAVORITE MOMENT:

LODGING:

WEATHER: ☀ ⛅ ☁ ❄

FEE(S):   O FREE

IGHTS:

WILDLIFE:

OPULAR ATTRACTIONS I VISITED:

ASH RIVER   O ETHNO-BOTANICAL GARDEN TRAIL
CRANE LAKE   O BEAVER POND OVERLOOK
MEADWOOD LODGE   O LITTLE AMERICAN GOLD MINE ISLAND
KABETOGAMA PENINSULA   O ELLSWORTH ROCK GARDENS
RAINY LAKE   O LOCATOR LAKE TRAIL

OVERALL
EXPERIENCE

10

WIND CAVE NATIONAL PARK

EST. 1903 — 33,924 ACRES — 43° 34' 12" N, 103° 28' 48" W

ATE(S) I VISITED:

WHO I WENT WITH:

SPRING   O SUMMER   O FALL   O WINTER

Y FAVORITE MOMENT:

LODGING:

WEATHER: ☼ ☁ 🌧 ❄

FEE(S):   O FREE

IGHTS:

ILDLIFE:

OPULAR ATTRACTIONS I VISITED:

WIND CAVE GUIDED TOUR   O ELK MOUNTAIN TRAIL

LOOKOUT POINT   O BEAVER CREEK

EAST BISON FLATS TRAIL   O HIGHLAND CREEK TRAIL

RANKIN RIDGE NATURE TRAIL   O BUFFALO GAP

WIND CAVE CANYON   O COLD BROOK CANYON

OVERALL
EXPERIENCE

10

WRANGELL ST.ELIAS NATIONAL PARK

EST. 1980 — 13.1 MILLION ACRES — 61° 0' 0" N, 142° 0' 0" W

ATE(S) I VISITED:

SPRING   O SUMMER   O FALL   O WINTER

Y FAVORITE MOMENT:

WHO I WENT WITH:

LODGING:

WEATHER: ☀ ⛅ 🌧 ❄

FEE(S):   O FREE

IGHTS:

ILDLIFE:

OPULAR ATTRACTIONS I VISITED:

MOUNT WRANGELL VOLCANO   O MOUNT DRUM
CHITISTONE FALLS   O SCHOONER BEACH
HUBBARD GLACIER   O ROOT GLACIER
LAKINA RIVER PULLOUT   O SILVER LAKE
KENNICOTT MINE   O LIBERTY FALLS

OVERALL
EXPERIENCE

10

YELLOWSTONE NATIONAL PARK

EST. 1872 — 2.2 MILLION ACRES — 44° 36' 0" N, 110° 30' 0" W

ATE(S) I VISITED:

WHO I WENT WITH:

SPRING   O SUMMER   O FALL   O WINTER

Y FAVORITE MOMENT:

LODGING:

WEATHER: ☀ ⛅ 🌧 ❄

FEE(S):   O FREE

IGHTS:

ILDLIFE:

OPULAR ATTRACTIONS I VISITED:

OLD FAITHFUL GEYSER   O GRAND CANYON OF THE YELLOWSTONE
HAYDEN VALLEY   O TOWER FALL
MAMMOTH HOT SPRINGS   O GRAND PRISMATIC SPRING
YELLOWSTONE LAKE   O WEST THUMB GEYSER BASIN
NORRIS GEYSER BASIN   O LAMAR VALLEY

OVERALL
EXPERIENCE

10

YOSEMITE NATIONAL PARK

EST. 1890 — 761,348 ACRES — 37° 49' 48" N, 119° 30' 0" W

CA

ATE(S) I VISITED:

SPRING   O SUMMER   O FALL   O WINTER

Y FAVORITE MOMENT:

WHO I WENT WITH:

LODGING:

WEATHER: ☀ ⛅ 🌧 ❄

FEE(S):   O FREE

IGHTS:

ILDLIFE:

OPULAR ATTRACTIONS I VISITED:

GLACIER POINT   O MARIPOSA GROVE

SENTINEL DOME   O MERCED RIVER

MIRROR LAKE   O TUOLUMNE MEADOWS

YOSEMITE FALLS   O HALF DOME

WAWONA TUNNEL VIEW   O ANSEL ADAMS GALLERY

OVERALL
EXPERIENCE

10

UT

ZION NATIONAL PARK

EST. 1919 — 147,237 ACRES — 37° 18' 0" N, 113° 3' 0" W

ATE(S) I VISITED:

SPRING   O SUMMER   O FALL   O WINTER

WHO I WENT WITH:

Y FAVORITE MOMENT:

LODGING:

WEATHER: ☀ ⛅ 🌧 ❄

FEE(S):   O FREE

GHTS:

ILDLIFE:

OPULAR ATTRACTIONS I VISITED:

EMERALD POOLS TRAIL

RIVERSIDE WALK

WEEPING ROCK

CANYON OVERLOOK TRAIL

CHECKERBOARD MESA

O ZION-MOUNT CARMEL HIGHWAY TUNNEL

O ANGELS LANDING

O COURT OF THE PATRIARCHS

O ZION CANYON SCENIC DRIVE

O THE NARROWS

OVERALL
EXPERIENCE

10

┌─ BUCKET LIST #1 ──────────────────────────────
│   (EXAMPLES: HIKING TRAILS, SCENIC DRIVES, LAKE)
│
└

☐   DATE:

☐   DATE:

☐   DATE:

☐   DATE:

☐   DATE:

☐   DATE:

☐   DATE:

☐   DATE:

☐   DATE:

☐   DATE:

☐ **BUCKET LIST #1 COMPLETED ON** _____

DATE:

DATE:

DATE:

DATE:

DATE:

DATE:

DATE:

DATE:

DATE:

DATE:

BUCKET LIST #2 COMPLETED ON _____

BUCKET LIST #3

(EXAMPLES: HIKING TRAILS, SCENIC DRIVES, LAK

☐   DATE:

☐   DATE:

☐   DATE:

☐   DATE:

☐   DATE:

☐   DATE:

☐   DATE:

☐   DATE:

☐   DATE:

☐   DATE:

☐ BUCKET LIST #3 COMPLETED ON _____

DATE:

DATE:

DATE:

DATE:

DATE:

DATE:

DATE:

DATE:

DATE:

DATE:

] **BUCKET LIST #4 COMPLETED ON**_____

(EXAMPLES: HIKING TRAILS, SCENIC DRIVES, LAKE

☐   DATE:

☐   DATE:

☐   DATE:

☐   DATE:

☐   DATE:

☐   DATE:

☐   DATE:

☐   DATE:

☐   DATE:

☐   DATE:

☐ BUCKET LIST #5 COMPLETED ON _____

WILDLIFE SIGHTINGS

ALASKAN SALMON   DATE:

PARK:

ALLIGATOR   DATE:

PARK:

AMERICAN BISON   DATE:

PARK:

BALD EAGLE   DATE:

PARK:

BEAVER   DATE:

PARK:

BIGHORN SHEEP   DATE:

PARK:

BLACK BEAR   DATE:

PARK:

BLUE WHALE   DATE:

PARK:

BOBCAT   DATE:

PARK:

BROWN BEAR   DATE:

PARK:

CALIFORNIA SEA LION   DATE:

PARK:

CARIBOU   DATE:

PARK:

COYOTE   DATE:

PARK:

☐ **DALL SHEEP**   DATE:

    PARK:

☐ **DOLPHIN**   DATE:

    PARK:

☐ **ELK**   DATE:

    PARK:

☐ **FLORIDA PANTHER**   DATE:

    PARK:

☐ **FIN WHALE**   DATE:

    PARK:

☐ **GILA MONSTER**   DATE:

    PARK:

☐ **GREEN SEA TURTLE**   DATE:

    PARK:

☐ **GRIZZLY BEAR**   DATE:

    PARK:

☐ **HARBOR SEAL**   DATE:

    PARK:

☐ **HAWKSBILL TURTLE**   DATE:

    PARK:

☐ **HUMMINGBIRD**   DATE:

    PARK:

☐ **HUMPBACK WHALE**   DATE:

    PARK:

☐ **JACKRABBIT**   DATE:

    PARK:

LYNX   DATE:

PARK:

MANATEE   DATE:

PARK:

MOOSE   DATE:

PARK:

MOUNTAIN GOAT   DATE:

PARK:

MUSTANG   DATE:

PARK:

ORCA WHALE   DATE:

PARK:

PRAIRIE DOG   DATE:

PARK:

RACCOON   DATE:

PARK:

RATTLESNAKE   DATE:

PARK:

RED FOX   DATE:

PARK:

SEA OTTER   DATE:

PARK:

WHITE-TAILED DEER   DATE:

PARK:

WOLF   DATE:

PARK:

Made in the USA
Middletown, DE
26 February 2020

85353479R00080